청어詩人選 30

| 정헌영 두 번째 시집 |

우리 사랑 그날까지

청어

나의 사랑 하늘입니다

김미화 지음

발행처 · 도서출판 **청어**
발행인 · 이영철
기 획 · 손영국 | 김홍순
영 업 · 이동호
편 집 · 김영신 | 김인현
디자인 · 오주연
인 쇄 · 두리터

등 록 · 1999년 5월 3일(제22-1541호)

1판 1쇄 인쇄 · 2008년 4월 5일
1판 1쇄 발행 · 2008년 4월 15일

주소 · 서울시 서초구 서초동 1588-1 신성빌딩 A동 412호
대표전화 · 586-0477
팩시밀리 · 586-0478

블로그 · http://blog.naver.com/ppi20
E-mail · ppi20@hanmail.net
ISBN · 978-89-92554-64-0 (03810)

우리 사랑 그날까지

| 시인의 말 |

두 번째 시집을 내면서…

오직 사랑 하나로 그대를 만나
손마디 시리도록 달려온 인생 여정
어느새 서리 되어
그 푸르던 날이 붉은 단풍으로 물들고

그대와 지은 삶의 둥지에서
늘 어미 곁을 맴돌던 아이들이 하나 둘 떠나
홀로 남은 빈 둥지는
또 다른 외로움에 젖어 인생무상을 맛봅니다

때로는 둔탁한 삶의 수레바퀴 속에서
내가 그대를 사랑하고, 그대가 나를 믿는
뜨거운 열정으로 애증의 강을 건너며
세월에 겹겹이 묻어둔
우리 이야기로 가득 채웠습니다

이제 다시 써내려가는 인생 노정에서
뜻하지 않은 그대의 지독한 아픔으로
깊은 좌절의 늪에서 헤어나지 못하고 방황하다
작은 불빛 하나에 희망을 걸고

함께 걷는 아름다운 사람들의 환한 웃음
눈길 바라보며
남은 여정을 걸어봅니다

첫 시집의 못다 한 아쉬움을
두 번째 시집에서 알차게 꾸며보려는
보랏빛 꿈은 얇아졌지만
시가 있고 시를 사랑하기에
더욱 여러분 곁으로
가까이 다가서도록 노력하겠습니다

인생 길목에서

정헌영

c·o·n·t·e·n·t·s

1 푸른 날개여

2 삶의 수레바퀴

3 가슴 저미는 날에

4 이 기쁜 날에

• • • 우리 사랑 그날까지

1
푸른 날개여

하늘이 날 불러
크게 웃으라 하네
청포도 알알이 익어가는 여름
욕망의 허물 벗고
파란 하늘 푸른 들
마음껏 바라보며
푸른 날개 펼치라 하네

• • • 우리 사랑 그날까지

봄길

어제도 가고
오늘도 가는 길
길은 늘 그 길인데
오늘따라 왜 이리 설렐까

청마루 아리따운 그녀가 보고파서
재 넘어 보리밭 찔레꽃 향기가
그리워서일까

실개천 건너 누런 황소의 하품소리
노랑나비 너풀대는 춤사위
하늘 높이 종달새 지지배배
봄 햇살 싱그러운 바람 향기 따라
꽃길을 열어가는 봄길은
따뜻하고 감미롭다

메말랐던 나뭇가지마다 윤기가 좌르르
들에는 푸른 새싹 초록 풀내음 가득한
그대 사랑으로 물들여
내 마음 가는 그곳에 꽃바람 부니
지금은 사랑할 때인가 보다

어느 봄날에

덮어두려 했다
혼자 마음 삭이며 잊으려 했다
햇살이 더듬고 간 긴 자리
노란 개나리꽃의 분노를

술렁이는 마음은
살랑대는 바람 때문만은 아니다
세월을 싹둑 잘라버리면
떠오르는 무수한 생각들

자운영 고운 꽃목걸이 걸어주던
해맑은 소녀의 눈웃음
대청마루 뜰 앞 신랑 각시 되어
소꿉놀이하던 자영이

뒷동산 진달래꽃 꺾다
잠깬 개름한 뱀에 놀라던 훈이
봄 햇살에 나른한 황소의 하품소리
돌담길 분주한 개미떼의 긴 행렬
노란 꽃잎에 입 맞추는 하얀 나비의 포만감
가슴속 꿈틀거림을 그냥 덮어둘 수는 없었다
가만히 지켜볼 수는 없었다

푸릇푸릇 돋아나는
푸른 산
초록 들판
파란 바다가 넘실대는
역동의 계절 푸른 초원으로
강렬한 봄빛이 눈부시게 펼쳐진다

꽃잎은 흩날리고

긴 겨울 울음 끝에
꽃봉오리 터트린 벚꽃이여

너의 고운 모습에 반해
내 사랑 모두 주었는데
바람에 꽃잎 흩날리니

널 사랑한 내 꿈은
일장춘몽이더냐

너만은 *씨밀레인 줄 알았는데
눈꽃처럼 흩날려 강물에
산산이 부서지니

사랑이여
그대의 고운 꽃잎
언제 다시 볼 수 있으려나

그리움이여
그대의 향기
언제 가슴에 적시려나

임이시여
그대의 화사한 모습
언제 내 가슴에 안기려나
꽃잎은 흩날리는데

* 씨밀레: 영원한 친구

봄의 왈츠

길가에 휘늘어진 개나리
봄바람에 노랗게 물들면
산등성이 진달래
개여울에 얼굴 붉힌다

양지 뜰 뫼 등성
고개 숙인 할미꽃
덤불 속 까투리 한 쌍 푸드덕
봄의 왈츠에 춤춘다

햇살 고운 들녘 여기저기
나물 캐는 여인의 바구니 속마다
냉이 달래 풋내음 가득
봄 향기에 취하던 날

초록빛 상큼함으로
폐부까지 찌른 봄의 함성이여
울렁이는 처녀 가슴
어느 총각 품에 살그니 안기나

보리밭 길

산모퉁이 보리밭
오뉴월 햇볕에
농익어 가는 소리

시골집 처마 밑 굴뚝
하얀 연기
보리개떡 냄새도 구수한데

재 넘어 삼십 리 임 계신 곳
뻐꾸기 뻐꾹뻐꾹
장끼가 푸드덕 날면
찔레꽃 향기도 짙어라

해 질 녘
보리 결에 물든 여인이여
나그네 발길 잡고 그리움 재운다

별빛 흐르는 밤에

동구 밖 시냇물
똬리 틀고 앉아 조는 밤

별빛 물에 빠져 빤짝일 때면
정다운 임과 나란히 앉아
밤새 부르는 사랑의 연가

미리내 저편 반짝이던 별
갈대숲에 빠져 아기별 그릴 때쯤이면
물새 한 쌍 날아와 짝짓는 소리
숨죽인 청개구리
낯붉히며 풍덩 물에 빠진다

바람도 숨죽인 고요한 밤
실개천 하얀 물결 위로
정겨운 사랑만 고요히 흐른다

8월의 노여움

태양이여
그대의 뜨거운 노여움 구름에 숨겨
한줄기 시원한 비를 뿌려주소서
도시는 텅텅 비어
산과 바다로 꼭꼭 숨었습니다

바람이여
그대의 훈훈한 열기 한랭전선에 매어
시원한 바람 불어주소서
삶에 지친 사람 겹겹이 쌓였습니다

물이여
뙤약볕에 타는 마음 부글부글
옹달샘 차가운 물로 흠뻑 적셔주소서
목 타는 갈증 견딜 수가 없습니다

8월의 뜨거운 태양이여
노여움 풀고 산과 바다 건너
저 멀리 밀려올 가을빛 향해
함께 마중 나가요

가을바람

가을이 오는 소리
외로움이 웅크리고
임이 가는 소리
빗방울 떨어져 낙엽을 울린다

노을에 물든 들녘
홀로 선 허수아비
어이 어이 숨넘어가고

수수밭 맴돌던 고추잠자리 한 쌍
가냘픈 햇살에
밀월을 즐기는데

눈 시리도록 하늘 쳐다보던 갈대숲
갈색 바람소리에 깜짝 놀라
미련도 저버린 채
사각사각 흐느끼며 가는 세월 붙든다

가을 그 그리움

가을 하늘 파란 화선지에
고운 임 그려 본다

푸른 잎 가장자리
유독 너만 빨갛게 물들어가는 것은
기다림에 지쳐서겠지

갈대숲에 숨은 사랑
은빛 물결로 나부끼고
누런 벼이삭 사이로 들리는
가냘픈 소리는 임의 목소리인가

가을은 사랑의 계절
그리움에 가년스런 마음
누가 헤아려 주려나
가을 그 그리움은
언제나 나를 슬프게 한다

오늘도 불붙는 산을 바라보며
기약 없는 임을 그린다

가을 곁에서

코스모스 하늘 보기 느껍기만 한 오늘
해바라기 넓은 얼굴 이슬 젖는다

계절의 늪에서 허덕이며
또 가을을 맞는 거북한 마음은
어떻게 외로움과 싸워야 할지

늘 그리워했던 계절
발걸음은 저만치 앞서가는데
낙엽의 꿈은 바위에 부딪혀
긴 아픔 속으로
깊은 강물 휘젓고 지나간다

울지 않겠다고 다짐했던 가을
억눌린 사슬 시원스레 풀어줄 임은
어디쯤 오고 있을까

이 가을이 더 슬프지 않게

어느새

앙상한 가지 끝에
홍시 서너 개
저만치
가을은 익어가네

기차에 몸 싣고
황금 들판 속으로
서릿바람
하얀 눈꽃이
가들가들거리네

갈잎이 가는 소리

옥구슬 한 방울 데구루루
풀잎에 내려놓고
빨간 낙엽 한 잎
바람 타고 먼 길 떠나던 날

파란 하늘
누님 같은 눈동자에 그리움 담아
불붙은 산 불타는 마음
속삭이는 가을 소리에
불러보는 임이여

갈산 산등성이 흐드러진 단풍
호젓한 아름다움에
산 노루 넋 잃고 돌고 돌아가는 길
사각사각 낙엽 밟는 소리에
하루가 그리움으로 저문다

들국화 향기 하얗게 퍼지면
마지막 남은 갈잎마저 떨어져
눈물 훔치며 하얀 서리에 얇아지는
가을빛이여
낙엽은 그렇게 설움 안고 간다

가을 끝자락에서

세월을 붙잡을 수만 있다면
널 보내지 않겠는데 어찌하겠나
가는 가을을

싱그러운 하늘 아래
수줍은 새색시처럼 예쁘기만 하던 너
빈 가지에 그리움 대롱대롱 남겨놓고
된바람에 겨울 속으로 서둘러 떠나는
너의 뒷모습에 슬픔 눈물 곱씹는다

함께했던 지난 시간 너의 고운 빛은
빨간 낙엽에 적어 책갈피에 끼워 넣고
노란 은행잎에 널 그려 식탁에 재워
긴 겨울 눈 시리도록 바라보련다

낙엽 소리에 잠 못 이루는 밤
먼 길 떠나는 널 붙잡고
이별의 쓴잔에 눈물 떨어뜨리며
또다시 만날 그날을 그려본다

가을이여 안녕

석양을 바라보며

석양이 울립니다
사랑이 웁니다

서쪽 하늘 달려가는 시린 마음
기우는 해 붙들고
가지 말라 하소연합니다

*시 붉은 서산마루 가을빛에 아우러져
여린 마음에 심금을 울리지만
임 그림자 밟으며 삭인
서러움보다 더할 것은 없습니다

새하얀 구름 조각조각 피어올라
노을빛 고운 임 *살그래 가리면
소슬바람 불어 흩어지고

황혼이 어둠 불러 저뭇해지면
으스름 잔 빛에 술 한잔 타 마시며
서러움을 잊으렵니다

* 시 붉다: 아주 붉다
* 살그래: 남몰래 살며시

겨울 이야기

고향집 처마 끝 고드름
입에 물고 호들갑 떨던 시절
밥 짓는 어머니의 눈물
시커먼 굴뚝으로 연기 되어 흩어지고

눈부신 햇살 살포시
얼음판에 내려앉아
빤짝 빤짝 빛나면
쩡쩡 금가는 얼음의 외마디 소리

꽁꽁 언 손 후후 불며
얼음지치기에 정신 팔렸던 그 시절
티 없이 밝던 소꿉친구들
지금은 어떤 모습일까

하현달 별 속으로 사라지면
밤 고양이처럼 헤집던 그 밤
아련한 추억의 한 토막 되어
겨울 이야기가 되었구나

저 늙은이

이 거리 저 거리 기웃거려
폐지 줍는 저 늙은이
삶이 버거워 휘어진 등줄기엔
땀방울로 뒤범벅
골목마다 한숨이 넘친다

삶이 무엇이기에
젊은 날의 꿈은 어디가고
가누기조차 힘든 몸 이끌고
오늘도 한 장 두 장 주운 폐지로
생명줄 걸어
가파른 비탈길을 오른다

20세기 끝자락에서

안녕!
20세기 끝자락 1999년이여
높이 솟아라
새천년 아침

지난 천 년
민족수난시대에 태어나
빈곤 절망 혼란 갈등
암울한 세월에 빛 잃지 않고
달려온 나의 길
20세기 역사의 뒤안길에
삶의 발자취를 남긴다

가는 천 년 아쉬움 뒤로 접고
새천년 빛과 소리로
한 차원 높게
희망찬 내일을 그려 가리라

새 아침

이글거리는 태양
용광로보다 더 뜨거운 열기로
한 해 첫날 새 아침을 연다

인생의 수레바퀴
긴 여정 뒤로
다시 찾아온 뜨거운 해
사린(四隣) 감회가 착잡하지만

칼날 매서운 아침공기 가르며
늘 처음처럼
꺾이지 않는 기개(氣槪)로
대로(大路)의 길 걸어가련다

세월을 걸으며

뚜벅뚜벅 세월을 밟고
걷는 하얀 발자국

흔적마다 깊은 정
슬픈 눈물
싱그러운 웃음 가득하지만

휘젓는 붓끝은 무디어
혼(魂)을 날리며 서성이는데

시린 마음 달래줄
임은 어디에 있느뇨

세월의 강

오월 가고 유월 오면
더욱더 푸르러지겠지
노 저어 가는 저 나그네
하얗게 질린 얼굴
해거름 녘 산 그림자 드리운다

덧없는 세월 베고 누워
나이테를 헤아려보니
깊은 한숨과 상처뿐
진한 사랑이 없더라

푸른 이파리 단풍 들어
뚝뚝 떨어지는 날
내 눈물 또 얼마나 흘려야 할지
*강 가슴 적시는 달빛도
갈대의 사색에 잠긴다

* 강 가슴: 강 한가운데

인생 유랑(流浪)

애증(愛憎)의 강에
저녁노을 물들면
서러운 눈물 샘물처럼 솟습니다

인생길 가시밭길
삶의 자국마다 역겹게 고인 눈물
지는 해에 실어 보내고

얇아진 내 인생
서러움 감추고
*유유창천(悠悠蒼天) 구름 벗 삼아
남은 꿈을 키우렵니다

* 유유창천: 까마득히 멀고 푸른 하늘

푸른 날개여

청산이 날 불러 쉬어가라 하네
깊은 계곡 맑은 물에 발 담가
산 노루 청설모 다람쥐 벗 삼고
하얀 노란 빨간 꽃향기에 취해
한시름 잊으라 하네

푸른 바다가 날 불러 마음 열라 하네
지평선 뱃고동 소리 갈매기 벗 삼아
그리움 숨긴 파도에 마음 적시며
웅크린 가슴 활짝 펴
넓은 바다 삼켜보라 하네

하늘이 날 불러 크게 웃으라 하네
청포도 알알이 익어가는 여름
욕망의 허물 벗고
파란 하늘 푸른 들 마음껏 바라보며
푸른 날개 펼치라 하네

황혼

서산마루 햇무리 뉘엿뉘엿
쌩쌩한 바람
옷깃 스치고

저녁노을 곱게 물든
여인의 얼굴
더없이 아름다운데

해거름 녘
서성이던 사람들
하나
둘
연기처럼 흩어지네

나이를 버리고 싶다

삶이 섧다고 어찌하겠는가
슬프다고 어찌하겠는가

어머니 따뜻한 품 그리워도
다시 돌아갈 수 없고
삶이 빛바래 지친 모습
피해갈 수 없는 것을

떨어져 나뒹구는 낙엽 바람에 흩날려도
쇠진(衰盡)한 몸 등 휘어
저녁노을 붉게 물든들 어이 하겠는가
모두 자연의 섭리인 것을
세월에 깎여 작아지는 나를 건너고 싶다

이 세상 태어나 한 번 울고
다시 돌아가는 길목에서 또 한 번 운다

나상(裸像)이여

갈색 바람에 축 처져
천길만길 추락하는
몸과 마음이여

긴 세월 꽃잎에 아로새긴
싱그러운 열매 바라보다
갈색 추억만 한 아름 안고
힘없는 발걸음으로
뒤돌아서는 나약함이여

초승달 싸늘한 눈길
별님의 눈가에도
슬픈 조소가 서린다

한 번쯤 뒤돌아보며

살다보면 한 번쯤
어디쯤에서 삶을 뒤돌아보게 된다

앞만 보고 달려온 나
무한한 욕망 명예에 눈멀었던 시절
지나고 보면 한 점 조각에 불과한 것을
부끄럽기만 하다

모진 생명 끈질긴 이기심 못 버린 채
나만 알고 나만을 위하는
환각(幻覺)에 시달렸던 날들
때늦게 깨달은 부질없는 마음 털어
빈 가슴에 양심으로 가득 채우고
하얀 마음에 고운 시로 엮어
넓은 세상 혜안(慧眼)으로 바라본다

이제 저뭇해지는 해 바라보며
정다운 친구 정든 임 손잡고
사람다운 사람으로
남은 여정 힘차게 걸어가련다

어느 무덤덤한 날에

파란 하늘
눈 덮인 들판 모두 무덤덤하다

붉은 햇살에 웃음 가득
노을에 눈시울 적시던 그 감정
모두가 무지 무감각이다
어디서부터 잘못된 것일까
누가 시심을 뺏어가고
누가 감정을 흐려놓았을까

일상의 나태함 아니면 텅 빈 호주머니가
껄끄러운 대인관계 두터운 나이테가
감각적인 기능장애인가
일시적 언어장애일까
그것도 아니면 현대인이 겪는 자폐증일까
자포자기로 나를 잊고 싶음인가

누가 내 공간을 채워준담
당신이
아니면 또 다른 당신이

한 송이 꽃잎에

외로운 가지에 꽃을 피운다
사랑을 태운다

봄빛 젖는 강렬한 눈빛
육감적인 몸놀림
목마른 가지에 꽃망울 터뜨려
붉은 입술 하얀 젖무덤에
천 년 깊은 사랑 뿌리며
불길처럼 활활 타오른다

꽃잎에 남긴 화인(火印)
온몸 움트는 사랑의 희열로
오늘도 내일도 한결같이
그대 입술 같은 꽃잎에
진한 넋두리로
사랑의 찬가를 부른다

2
삶의 수레바퀴

아직도 활활 타오르는
앙가슴
역동의 수레바퀴
바람 끝자락 잡고
장미꽃을 피운다

• • • 우리 사랑 그날까지

들꽃 사랑

산속 길섶 여기저기
슬프면 슬픈 대로
외로우면 외로운 대로
늘 그 자리 지키며 피는 들꽃
그 우직함과 초연함에 마음 빼앗긴다

푸른 동산이 나무뿐 아니라
잡초가 있어 더욱 푸르듯
아름답고 화려한 꽃에는
들꽃이 있어 더욱 빛이 난다

파란 하늘에 한 점 부끄럼 없이
바위틈에 외로이 피었지만
싱그러움은 그대 향기보다 짙고
작은 꽃잎은 그대 입술보다 정열적이다

질긴 생명력 *푸서리 한 곳
홀로 피어 있는 들꽃에
진한 연정 담아
연분홍 그대 곁에 뿌리련다

* 푸서리: 잡초가 무성하고 거친 땅

달에 그린 임

겨울밤 둥근 달에
그대 얼굴 그려봅니다

눈 코 입 귀
눈은 양귀비보다 크게
코는 클레오파트라보다 높게
입은 마릴린 먼로보다 정열적으로
귀는 소라껍질처럼 그렸습니다

달에 그린 어여쁜 얼굴
달 뜨는 저녁이면 볼 수 있지만
보면 볼수록 그리움만 부풀어
가슴만 태웁니다

꽃보다 아름다운 너

너의 환한 웃음
장미보다 아름답고
너의 맑은 모습
백합보다 곱구나

너의 끈끈한 정
사랑으로 엮고
너의 활기찬 모습
웃음으로 엮는다

여린 꽃봉오리 활짝
빛 고을에 향기 짙으면
너는 나에게
또 다른 기쁨을 주겠지!

억새풀

산등성이 메마른 땅
억새 한 포기

비바람도 피해가는
척박한 땅에서
가쁜 숨 몰아쉬며
강인한 생명력
억센 풀로 자라

억만 년
푸른 꿈을 가꾼다

잠 못 이루는 밤에

임 그리워 달그림자 밟지만
한번 떠난 임은 찾을 길 없더라

칠흑 같은 어두운 밤 별빛 밝히고
임을 그렸다 지우기를 수백 번
하얀 마음에 남은 화상(畵像)은
임이 아니더라

저 산 두견새도
내 마음 같아서야
이 긴 밤을 어이한담

그리움만 쌓이네

반짝이는 별빛 아래
스쳐가는 얼굴
얼마 만인가
우리 만남이

너울처럼 아련한 추억
두꺼운 세월 벗기어
하나 둘 떠올려 보지만

지금은 못다 준 사랑
실루엣 되어
그리움만 쌓이네

그 자리에 있어 주렴

너의 눈 안에 머무는 나
시린 눈물 보이지 않도록
추한 모습 보이지 않도록
그 자리에 있어주렴

눈 시리도록 바라볼 수 있는
지금의 행복
지금의 사랑이
너의 뜨거운 가슴에 머물도록
그 자리에 있어주렴

너의 얼굴 엷은 미소가
고운매 되어
어둠 빛 밝히도록
그 자리에 있어주렴

우리들 이야기

햇살이 잠든 도시의 한 귀퉁이
만남의 저편엔
사랑의 강이 흐른다

오랜 갈증 씻고 창가에 앉아
도란도란 나누는 우리들 이야기
바다보다 깊고 태양보다 뜨겁다

일상의 나태함을
저 강물에 띄워 보내고
통쾌한 웃음
목청 높여 부르는 노래
신나는 춤사위로 어우러진
뒤풀이

어제 오늘을 지나
내일로 향할 강여울에
우리들 함성이 하늘에 쩡쩡
햇빛도 찬연하다

그대 이름

그대 이름은 반딧불
세상 어둡다 해도
당신의 울타리 안에서
별이 되고 꽃을 피워
절반의 넋두리로
우리 행복을 되찾으리라

수줍던 그날의 고백
눈부신 햇살 싱그러운 바람 불어도
푹푹 썩어 발효된 내 속의 진한 아픔은
외롭게 남아 허전한 가슴으로
세상은 언제나 나를 외면한다

삶의 끝자락에서 부르는
그대 이름이여
내 한 몸 다 바쳐
영원히 꺼지지 않는 혼불 되리라

호반에 번지는 사랑

물안개 자욱한 호반
잉어와 물새의 숨바꼭질
푸른 갈대숲 넘나들며
하얀 백로가 둥지를 튼다

황혼이 어둠 불러 짙게 깔리면
밤하늘 별들이 호수에 빠져
길게 유혹하는 밤

손잡고 걸어가는 갈대밭에
두 마음 한마음 되어
풋풋한 사랑으로 영근다

풀내음 향긋한 호반에 누어
별 하나 사랑 하나 주우며
부르는 사랑노래
잔잔한 물결 되어 밤을 적신다

사람도 리모델링 할 수 있다면

촌음이 주름 되어
폭삭 망가져가는 몸
리모델링 할 수 있다면 얼마나 좋을까

사는 동안만이라도
잘 들리지 않는 귀 밝게
흐린 눈 밝게
삭은 이 튼튼하게
막힌 장기 원활히
아픈 팔다리 유연하게 리모델링 하여
아픈 날 없이 살아봤으면

도려내 끼워 넣고
잘라 이어 놓고
인술은 앞서가지만
새로운 모습으로 거듭날 수 없으니

세월에 특효약 없듯
측은한 마음으로 하루를 재운다

삶의 수레바퀴

등줄기에 흐르는
땀방울
역겨운 삶의 냄새

아직도 활활 타오르는
앙가슴
역동의 수레바퀴

바람 끝자락 잡고
장미꽃을 피운다

바다 사랑

파도가 휩쓸고 간 백사장엔
조개들의 이야기
소라껍질에 묻어둔 밀어는
너와 나의 사랑이었다

침묵 속에 지켜온 사랑은
하얀 파도에 겹겹이 씻기어
속살을 드러내고
잠재웠던 욕망의 굴레에서 벗어나
푸른 사랑을 꿈꾼다

금빛 모래밭
비릿한 바닷바람
철썩철썩 깨지는 하얀 물방울 소리
끼룩끼룩 갈매기 울음
먼 고동소리에 밀려오는 파도여

언제나 잊을 수 없는 그 바다
나의 연인이여
어머니 품처럼 넓고 포근하다

섹시 걸

노출의 계절
도시는 섹시 걸로 가득

훤칠한 키
아슬아슬한 몸매
화려한 의상
저마다 개성 살려 자신감에 꽉 차있다

한결같이
왕방울눈 오똑코
도톰한 입술 갸름한 얼굴형
풍만한 젖가슴 갸름한 허리
오목한 배꼽 미끈한 다리
세련된 각선미로 아름다움을 뽐낸다

청순가련형 미인은 사라지고
개성 넘치는 몸매 노출 자랑하며
활보하는 섹시 걸
뭇 남성 눈길 끄는 매력 만점의
이 시대 미인들이란다

결백

하늘 땅 바다

어제 오늘 내일

몸과 마음

모두 새하얗구나

백로처럼

시(詩) 하나 마음 하나

파란 하늘에 외로움 묻고
구름 따라 흘러가며
내 마음 내려놓으렵니다

푸른 들 파란 바다에는
희망의 시를
회색으로 얼룩진 도시에는
눈물의 시를

햇살 가득한 뜨락에는
결 고운 시를
능소화 핀 임 계신 곳에는
사랑의 시를 적으렵니다

어제의 무거운 마음일랑
역풍에 날려 보내고
시 하나 마음 하나 곱게 접어
오늘도 내일도
임의 곁에 뿌리렵니다

흙에 살리라

어머니 품처럼 따뜻한
너의 젖가슴 못 잊어
파란 하늘 눈웃음 제쳐놓고
네 품에 안기면

고향의 짙은 흙내음
너의 포근함
너의 넉넉함
너의 부드러움이
잃어버린 세월을 낚는다

덧없는 욕망 한칼로 베고
오랜 꿈 앙가슴에
마음 심고
희망 심고
양심 심어
향긋한 흙내음 맡으며 살련다

사랑의 빛

성스런 교회 종소리
내 마음 정죄함으로
가득한 이기와 오만을 털어낸다

사랑의 음성
사랑의 빛이
때 묻은 앙가슴 비집고 들어와
흠뻑 적시는데

어디까지 가야 하나
내 조급한 마음
참회의 눈물을 얼마나 흘려야 하나

갈 길 먼 길목에서
잠시 머물러
교회 십자가의 복음 들으며
사랑의 빛이나 흠뻑 쬐어볼까

내가 사모하는 친구여

친구여 너와 내가 가는 이 길
우리의 우둔함으로
엉뚱한 길로 접어들었구나

세상은 넓고 밝지만
세월의 한 점에 지나지 않는 우리가
연약함과 게으름을 즐기는
오만과 오기를 부렸나보다

때로는 매서운 회초리로
때로는 뜨거운 사랑으로
밝은 길로 가기를 바랬는데
길목마다 어두운 그림자만 남겼구나
누구를 탓하랴
모두 너와 나의 잘못인 것을

지금도 때늦지 않았다
맑은 아침 햇살로 혼탁한 마음 씻고
인간 원초적 본능에 호소하여
너와 나의 영원한 우정으로
날마다 새롭게 바른길로 가자

마음 흘러가는 그곳에

흘러가는 구름에 희망 싣고
불어오는 서풍에 시름 날린다

숨 막히는 아스팔트 넘어
푸른 들판에 꿈을 풀고
흐르는 강물에서 여유를 낚는다

알알이 벌어진 욕망으로
칠흑의 밤 밝히고
새벽 먼동을 깨워
주름 없는 하루를 만들리라

사랑하리라
내 붉은 가슴을
입맞춤하리라
내 뜨거운 열정에

내 마음 흘러가는 그곳에
사랑의 보금자리 만들리라

이 작은 편린 속에

이 작은 공간 안에
한평생 삶의 흔적이
함축(含蓄)된 언어로
옮은 미소 띤다

살아온 이날까지 흔들림 없이
최선을 다한 깊은 뜻
아로새겨진
이 작은 편린(片鱗)속에

때로는 슬픈 미소가
때로는 기쁨이
한데 어우러져
굵은 삶의 발자국을 남겼다

홀로 가는 길

인생은 홀로 왔다 홀로 가는 것

삶이 힘들다고 낙담 말고
사랑이 아프다고 눈물 보이지 말라
어차피 인생은 홀로 가는 것을

타고난 팔자 다 누리며
행복을 맛보면 그만인 것을
마음 비우지 못하고
허덕이는 모습 보이지 말라
어차피 인생은 혼자인 것을

과욕 이기심에 눈멀어
부귀영화를 꿈꾸지 말라
흙으로 돌아가는 인생
어차피 빈손으로 돌아갈 것을

갈 곳 없는 노인들

근린공원
팔각정
노인정 여기저기
깊게 파인 얼굴 맞대고
옹기종기 앉아 설움 달랜다

한때는 부국(富國) 건설의 주역
가정을 살찌운
당당하던 어르신들

진국 다 빠진 지금
팔자걸음 한숨 몰아쉬며
갈 길 잃고
이곳저곳 기웃거린다

젊은 날의 초상

잿빛 하늘 회색 나뭇가지에
꽃눈 개비 흩날리면
찬바람에 *옹송그리다
꽃으로 활짝 핀 시절을 그린다

초승달 등허리처럼 휘어진 육신은
둔탁한 세월에 묻히어
볼꼴사납게 *골비단지 되고

어슬막에 불러보는 젊은 날의 초상은
청춘의 고운매마저 깨어버리고
노을빛 창문을 스쳐 지나간다

* 옹송그리다: 무섭거나 추워서 몸을 궁상스럽게 옹그리다

* 골비단지: 몹시 허약해 늘 병으로 골골거리는 사람

밤을 울린다

임을 부르다 지친 눈물
가슴 흠뻑 적시는데

별빛 찬란하던
그 밤은 보이지 않고
달빛 젖은 그리움만
밤빛 따라 흐른다

사무친 그리움
주체할 길 없어
임 찾아
천릿길 달려왔건만

돌아오는 적막은
고스란히 외로움 되어
구슬픈 밤을 재운다

바보 같은 남자야

지하철 타고
마주 앉은 여자야
내 누이같이 예쁘구나

살며시 눈 감고
무슨 생각하고 있을까
행여 날 그리고 있는 것은 아닐까
가슴 설렌다

착각하지 마
정신 차려
바보 같은 남자야

네 나이 지금 몇인데

첫돌

첫돌 맞는 아기
앙증스러움이 웃음꽃 되어
우리 보금자리에
행복을 가득 채운다

색동저고리 받쳐 복건 쓰던 날
짙은 6월의 장미보다 더 어여쁜
싱그러움은
정녕 최씨(崔氏)가의 왕자요
세기의 귀공자로다

돌상 받고 미소 띠며
맨 처음 움켜쥔 지폐와 붓
그 힘으로 큰 꿈 펼쳐보라
하늘 높이 날개 펴라

네가 가는 길

슬퍼하거나 마음 아파하지 말라
이제부터 가는 길은
순전히 너의 몫이다

산 넘고 물 건너 가는 길
때로는 험한 고개
깊은 수렁도 있다
그럴 때마다
포기하거나 좌절하지 말라

거친 세상 헤쳐가려면
강한 힘은 필수
너 스스로 힘과 지혜로 자생력을 길러
네가 가는 길 거침없이 가라
후회 없이 가거라

세상 두 얼굴

흰 눈 펑펑 쏟아지는 날
눈송이 타고 세상 구경 떠난다

세상 돌고 돌아간 그곳에는
잘난 사람
못난 사람
힘 있는 사람
힘없는 사람 천태만상

대부분 잘 먹고 잘 배우고
잘 입고 똑똑한 사람은
자기 성취에 도취하여
오만하기 그지없고

못 먹고 못 배우고
못 입고 연약한 사람은
겸손하기 짝이 없더라

빗나간 삶의 현장에서 바라본
우리 모습이
이렇게 매섭고 씁쓸할 줄을

네 말 들었어야 하는데

그렇다 네가 옳았다
네 말 들었어야 하는데
성급한 내 마음이
슬픔을 그러모았다

모두 내 마음
내 생각 같은 줄 알았는데
좁은 혜안 선부른 지식이
날 바보로 만들었다

귀를 기울이자
옳은 귀 꽉 막고
하찮은 미물 소리
담기 어려운 쓴 소리
폐부를 찌르는 아픈 소리라도
듣고 또 듣자

네 말은 옳을 테니

3
가슴 저미는 날에

어떡하면 좋아요
찢어지는 내 가슴을
고왔던 임의 얼굴
뼈만 앙상히
휑한 눈가엔
이슬이 맺혔네요

• • • 우리 사랑 그날까지

아!사랑이여

임이 부른다
파란 바다가 부른다
바람은 나를 불러
임에게 가라하고
흰 구름은 내 마음 떠밀어
임의 품에 안기라한다

파도가 밀려온다
거센 파도가 밀려온다
사랑 실은 파도는
하얀 모래밭에 물거품 남겨
고독을 곱씹게 하고
격정의 시간 덧없는 그리움만
쓸쓸히 내려놓는다

아! 사랑이여

모두 사랑입니다

불러도 대답 없는
어머니입니다
뒤돌아보며 미소 짓는
당신입니다

어머니 젖가슴 물고 잠들던 시절
포근한 사랑은 풍선처럼 커지고
뜨겁게 지피는 당신의 사랑은
행복을 낚습니다

사랑을 주고 간 어머니
그 사랑 식을까
가슴 졸이는 당신은
어제 오늘을 잇는 사랑의 천사
모두 우리 어머니입니다
모두 사랑입니다

당신은 내 사랑입니다

당신은 내 사랑입니다
당신 없는 세상
내가 존재할 이유 없고
당신 떠난 사랑
내 사랑 있을 수 없습니다

보고 싶을 때
눈 시리도록 바라보고
그리울 때
마음껏 그리워할 수 있는 당신은
내 곁을 떠날 수 없는
영원한 내 사랑입니다

사랑받고 싶은 날

그리움 녹여
누군가를 사랑하고 싶은 날
달린다
달려간다
푸른 초원으로

하얀 손수건 얼굴 가려
냉이 캐는 아가씨야
버들피리 부는 속마음
조금이나마 알아주렴

송사리 힘찬 지느러미
실개천 거슬러 올라가 임 만나고
뫼 잔등 종달새 지지배배
꺽꺽거리는데

하얀 목련꽃 젖무덤
비너스 닮은 내 임은 어디에 숨었는가
어느 나른한 봄날
허황한 꿈에 취하고 사랑에 운다

사랑받고 싶은 날에

사랑 타령

나는 돈보다
사랑이 좋다

비록 삶이 고달파
한 끼 밥술이 부실하더라도
나는 돈보다
사랑을 좋아한다

돈은
육신을 살찌우고
부귀영화를 주지만

사랑은
영혼 속까지 파고드는
뜨거움이 있기 때문이다

우리 사랑 그날까지

아무 말도 하지 마세요
당신의 뜨거운 사랑
다 알고 있잖아요
우리 두 눈 마주 보고
이렇게 그냥 서 있어요

푸른 산이 깊은 계곡
어루만지고 서 있듯이

푸른 강이 파란 하늘에
미소 짓듯이

해바라기 해님 사랑에
뜨거운 정열 쏟듯이

우리 이렇게
마주 보고 서있어요
우리 사랑 그날까지
늘 처음처럼

그대가 있어 따뜻합니다

그대가 있어 따뜻합니다
그대가 있어 행복합니다
그대와 멀리 있어도
뜨거운 가슴 있어 외롭지 않습니다
그대의 맑은 웃음 언제나 내 곁을 맴돌며
싱그러운 향기로 사랑을 데웁니다

기쁘고 즐거울 때 함께 웃고
슬프고 아플 때 보듬어주면서
힘없어 보이면 용기를
마음 흐트러지면 바르게 인도하는
참사랑으로 가득한 그대여

그대의 가슴은 산입니다
그대의 가슴은 바다입니다
아무도 넘볼 수 없는 큰 사랑입니다
그대는 내 사랑입니다

고백

마음속에 숨겨둔 한 사람
언제나 가슴 졸입니다

그대 눈빛 빛나면
가슴 설레고
그대 눈시울 젖으면
가슴 저립니다

그대 곁에 머물고 싶은
내 마음 알 리 없겠지만
언젠가는 용기 내어
깊은 속마음
모두 털어 놓으렵니다

그대를 사랑했노라고

사모하는 마음

긴 밤 벙어리 된 채
엷은 눈으로
임을 바라보고 있었습니다

달그림자 밟으며 얼룩진 눈물
사랑의 미음 그리움 갈등 모두
임의 향기에
풍선처럼 터졌습니다

사위(四圍)에 눌리어
마음 흠뻑 적시지 못하고
떠난 미련이
임의 열린 가슴 비집고 들어가

모처럼 큰마음으로
그동안 못다 한
사모의 정을 내려놓습니다

당신은 아름다운 꽃입니다

이른 아침 창문 열면
해맑은 웃음으로 희망 주고
햇살 가득 눈부시면
그대 입술 같은 꽃잎에
사랑을 내려놓습니다

당신의 아름다운 꽃은
봄 여름 가을 겨울 언제나
내 곁에서 따뜻한 손길로
힘과 용기를 주고

굽이진 세월 생의 옹이마다
새록새록 피어
옹골찬 사랑의 열매로 열리어
행복을 담습니다

당신은 참 아름다운
소중한 나의 꽃입니다

아름다운 당신이여

옥잠화가 아름답다 한들
당신보다 더 아름답겠습니까
벌개미취가 향기롭다 한들
당신보다 더 향기롭겠습니까
사랑하는 당신이여

당신은 나에게 지혜를 빌려준 사람
당신은 나에게 정의를 가르쳐준 사람
당신의 곧은 심지는 흔들림 없이
헌신적인 마음을 태우는
희망의 불꽃입니다

천 년이 흐른다 해도
쓰린 가슴 달래줄 당신은 천사입니다
나약한 마음에
힘과 용기를 주는 보배입니다
이 세상 가장 아름다운 당신은
한 떨기 백합꽃입니다

사랑합니다
이 생명 다하는 그날까지

사랑의 시

그대를 그리다
사랑을 잉태했습니다

새하얀 그대 마음에
사랑의 시를 쓰고
달빛 너울대는 호수에
그대를 그려봅니다

그대의 고운 숨결
내 마음 어루만지면

하늘과 땅
어느 곳이든
사랑의 빛으로 가득합니다

사랑의 약속

난 괜찮아 미안할 것 없어
너의 사랑 식지 않는 한
난 기다릴 거야
너의 미소 잃지 않는 한
내 가슴 뜨거울 거야

사랑은 무언의 약속
별빛 사라지고
칠흑 같은 어둠 밀려와
천둥번개 요란해도
너와 나의 사랑
일편단심 원앙새 될 거야

사랑은 다이아몬드처럼
살아 있는 그날까지 빛날 테니까

5214호 병실

창경궁이 고즈넉이 보이는
서울대 외과병동 5214호실
내 사랑 임이 누워 있는 곳
인왕산에 걸린 햇무리도 무심하구나

어둠 깔린 매캐한 병실
시커멓게 타들어가는 가슴 붙들고
기도하는 초췌한 임을
차라리 보지 말 걸 그랬다

세상 깨끗하게 살아온
순박한 여인에게
이렇게 가혹한 형벌은 또 무엇인가
차라리 미웠다면
사랑에 인색하고 오만한
나에게 벌을 줄 것이지

답답한 마음 저미는 가슴
저 창경궁의 넋들은 알고 있을까
구중궁궐 감춰놓은 비방(秘方)의 인술로
희망의 불빛 주었으면

수술 전야(前夜)

내 사랑 그대여
수술 전 그 당당한 모습
평안한 미소에
온 가족 눈물 적십니다

사선을 넘을까
살얼음 가슴 콩닥거리는데
당신은 그 큰 두려움
어떻게 감당하려고
그 작은 가슴으로
편안한 미소 짓습니까

한 가닥 희미한 불빛
놓칠 수 없는 희망입니다
하나님 평안을 주세요

이 세상 가장 긴 시간

2007년 7월 19일 아침 8시
임이 수술 받던 날
1초의 촌음이 이렇게 긴 줄 몰랐습니다

병상에 실려 수술실로 가는
임의 뒷모습 바라보며
행여 영원한 이별 되지 않을까
가슴 저며 오는 고통은
생애 최고의 긴 시간이었습니다

그 무섭고 싸늘한 수술대 위에서
혼자 고독을 씹으며
새파랗게 질려 있을 그 사람
기다려도 열리지 않은 수술실 문은
나를 시커멓게 태워버렸습니다

생명의 불꽃이여
이 긴 시간 수술 무탈하여
건강 되찾을 수 있게 해 주소서

시간은 정오를 넘어가는데

그대 얼굴에 어둠이

멀리 저 남산은 말이 없는데
내 마음 답답함을
어디에 하소연한담

거리의 빌딩숲마다
가득한 사랑은
초록빛 웃음으로 넘쳐
생기가 돋는데

생사를 넘나들며
병실 한켠에 누운 그대 얼굴엔
어두운 그림자만 가득하구려

가슴 저미는 날에

어떡하면 좋아요
찢어지는 내 가슴을

고왔던 임의 얼굴
뼈만 앙상히
휑한 눈가엔
이슬이 맺혔네요

누가 왜 이렇게 만들었나요
백합처럼 살아온 임을

아무것도 할 수 없는 내 육신은
흐르는 시간만 붙들고 눈물 흘립니다

입가의 미소

당신이 곁에 있는 것만으로도
행복합니다

마주하는 눈길
애잔한 눈시울에 사랑을 적십니다

고왔던 얼굴 미음 빠진 초췌한 모습에
쏟아지는 슬픔을 감추기 어렵지만

입가의 가냘픈 미소는 한 가닥 희망으로
콩닥거리는 가슴을 *애젖하게 합니다

* 애젖하다: 안타깝고 애틋하다

1%의 가능성

나폴레옹이 그의 사전에
불가능은 없다고 했듯
나도 내 사전에 불가능은 없다
나라고 못할 이유가 없다

1%의 가능성에 생명을 건다
하늘 땅 바다의 모든 빛과 소리로
생명의 꽃 피우도록
몸과 마음 다 바쳐
온 정성 쏟으련다

1%의 가능성이 달성되는 그날까지

어떤 슬픈 눈물

텅 빈 하루
생각 없이 슬픔에 젖어
눈물 흘린다
내 잠재의식 속에 슬픈 샘이
있었나보다

파란 겨울 하늘
더없이 청량한데
매캐한 병실 한켠에 누어
지독한 병마와 싸우는 임을
걱정스럽게 바라보며

아무것도 할 수 없는 내가
죽도록 미워
*드므에 눈물만 하염없이 흘린다

울지 않으려 했는데
두 번 다시 임 앞에선
눈물 보이지 않으려 했는데

* 드므: 넓적하게 생긴 큰 독

너의 얼굴에 햇살이

너의 얼굴이 내 얼굴
내 얼굴이 너의 얼굴이거늘
너의 얼굴에 그림자가 드리운다

봄은 남풍으로 불고
사랑은 마음속으로 흐르는데
굳게 닫힌 너의 가슴에
결 고운 햇살이 눈부시다

어눌한 기분 모두 사르고
*옥생각에 젖은 마음
살그래 봄빛에 적시어

봇물처럼 터지는 꽃봉오리처럼
너의 얼굴에 밝은 웃음이
늘 가득했으면 좋겠다

* 옥생각: 옹졸한 생각

사랑의 불빛

나의 뜨락에 사랑의 빛만 있는 줄 알았는데
어두운 그림자가 시나브로 되어 울립니다

내가 당신을 사랑하고 당신이 날 사랑하는 한
우리 사랑 영원할 줄 알았는데
어쩌다 울음 빛 터트려 가눌 수 없는 슬픔에
밤길 헤매며 그대를 부릅니다

한줄기 희망의 빛이 살아 숨 쉬는 그날까지
꺼지지 않는 생명으로 남아주길 기도하며
오늘도 당신의 옷깃을 야물차게 붙듭니다

당신의 온기가 남아 있는 한
내 뜨거운 사랑으로
이 생명 다하는 그날까지 불빛 되어
칠흑 같은 밤을 환히 밝혀드리겠습니다

사랑하는 당신이여

비에 젖은 사랑

빗방울 뚝뚝 떨어지는 거리를
터벅터벅 걸으며
쏟아지는 눈물로 얼룩진 얼굴

사랑은 빗방울 되어
꽃잎 위에 쌓이고
떨어진 꽃잎은 빗물에 씻기어
애증의 강으로 사정없이 흐르는데

속절없는 밤비는 슬픈 사랑 되어
죄 없는 가슴에 피멍만 남겨놓고
어둠 속으로 사라진다

질퍽한 자국마다 하얀 눈물
주체할 수 없는 서러움을
그대의 뽀얀 젖가슴에 얼굴 파묻고
눈물 흘리는 내 사랑아

비가 내리는 밤이여

사랑은 언제나

사랑받고 싶은 날
엄마 품에 안겨
시름 잊고 싶은데

그대가 그리운 날
그대 품에 안겨
사랑받고 싶은데

텅 빈 가슴 한켠에
찬 바람만 휑하고 지나간다

사랑하는 사람
그리운 친구
삶에 스친 사람
모두 흔적만 남기고 떠나니

사랑은 언제나 그리움으로
그려지지 않은 그리움은
하얀 연기처럼 흩어진다

사랑은 그리운 외로움

그리움에 잠긴 밤
아련한 기적소리
달빛 젖은 풍경소리 그윽한데

어디선가 걸려오는 전화벨 소리
반가움에 수화기를 들면
떨리는 목소리
그 사람도 외로움에 지쳤나보다

사랑은 그리운 외로움
강물 따라 바다에 이르면
성난 파도가 갯바위에 밀어붙여
하얀 그리움을 깬다

가녀린 여인

가녀린 여인
그녀가 미쁘다

전화벨 소리
떨리는 목소리
잔잔한 물결 되어
그리움으로 다가선다

그래요
미안해
감사해요
살그래 홍조 띤 얼굴
가냘픈 목소리
순박한 마음은
새하얀 배꽃보다 곱더라

보고 싶은 여인이여

마주 보며 웃어요

산과 산이 마주 보고 미소 짓듯
당신과 나 마주 보며 세월을 타고 넘어
삶의 이야기
사랑 이야기
행복을 그리며
멀고 먼 험한 길을 걸어가요

어제의 슬픔 어둠 고통 시달렸던 미련
*소소리바람에 실어 보내고
당신과 마주한 눈빛 한 줄기 빛 되어
새날 새로움으로 가득 채운 하얀 날개로
잃어버린 웃음 크게 한번 웃어봐요

* 소소리바람: 이른 봄 살 속으로 스며드는 듯한 차고 매서운 바람

4
이 기쁜 날에

미리내 저편
영롱한 큰 별 하나
행복의 문 열고 촛불 켤 때면
5월의 장미
축배의 잔 높이 들어
탄생의 기쁨을 노래한다

• • • 우리 사랑 그날까지

그리운 얼굴

우리 첫 만남은 사랑으로
생애 최고의 환희에 가득 차
노래 불렀지

수정처럼 맑은 얼굴
샘가에 남겨놓고
정 주고 떠난 빈자리가
너무 허전하여
먼 하늘가에 그려보지만

보고픈 기다림은
가을 하늘 새털구름처럼
무수(無數)히 아득하다

기쁨이여

큰 기쁨
탄성
이 행복
거룩함이여

사랑의 핏줄 타고 오는
미쁘기만 한 너
빛나는 월계관 쓰고 오는
위대함이여

기다렸다
언젠가는 네가 올 줄 믿었지
기쁨 한 아름 안고 개선장군 되어
백마 타고 올 줄 알았다

힘찬 축하 박수를 보내마
꽃목걸이 만들어 기다리마
네가 올 때까지 설렘으로

어떤 기다림

하늘을 본다
바다를 본다
그래도 시원치 않아 세월을 붙잡는다

언젠가 살며시 다가와 행복을 줄 너
믿음과 소망으로 넌지시
그날의 환희를 꿈꾼다

맑은 샘물이 펑펑 네 웃음으로
우리 텃밭에 사랑나무 심을 때
튼튼한 뿌리 내려
천년만년 행복의 열매 맺어주기를

그날이 빠르면 빠를수록 좋지만

이 기쁜 날에

미리내 저편 영롱한 큰 별 하나
행복의 문 열고 촛불 켤 때면
5월의 장미 축배의 잔 높이 들어
탄생의 기쁨을 노래한다

휘영청 밝은 달 창문 비집고
달빛 소나타를 연주할 때면
너도나도 행복에 젖어
하회탈 웃음으로 가득하다

새아기 탄생의 기쁜 날
믿음 소망으로 사랑의 성 쌓고
초롱불 밝혀
꿈 빛 가득한 텃밭에 사계절 지지 않는
웃음꽃 피우리라

사랑하는 새아기야
평생 한결같은 마음 곰삭혀
서로 마주 보고 보듬어가며
맑은 누리에 부끄럼 없는 따뜻한 가정
빛 고운 행복을 만들어가길 바란다

가련한 여인이여

가시처럼 살았네 한 많은 세월을
호박처럼 소박하게 살아온 날들
눈물로 얼룩졌네

한 가정 뿌리가 흔들리던 날
어제 오늘 무너지는 소리
운명의 장난인가 악마의 시련인가
여인의 오지랖 가슴
속 타는 줄 누가 알았으랴

통한의 생채기는 고스란히
세월의 찌꺼기로 남아
세상 어둡고 밉기만 한 긴 세월 아픔을
누가 보듬어줘야 하나
누가 보상해줘야 하나

아! 가련한 여인이여
어두운 설움 밝은 햇살로 비추어
푸른 하늘만 바라볼 수 있었으면

여자의 가는 길

기구한 운명 험난도 하여라
뿌리 깊은 남아선호사상에
시커멓게 피멍든 여인네들
씨받이 대물림 못한 죄 그리도 클까

지아비 잘못 만난 것 죄라면 전부인데
왜 여자만 대못 가슴에 박고
평생 눈물 고독 씹으며 죄인처럼 살아야 하나
지아비의 사랑 무심도 하지

전통사상에 얽매여 멍들어가는 여인들
한평생 가슴 저미는 아픔은
이제 그만 했으면 좋겠다

아들이면 어떻고 딸이면 어떠하랴
모두 다 예쁜 내 자식인 것을
여인의 입가에 웃음 넘치는 그날이 왔으면
오늘도 소리 없이 눈물지는
속박당한 여인의 얼굴이 아롱거린다

그날의 아픔이여

아름다운 강산 뜨거운 6월
모두 잊었는가
조국이 동강 난 통한의 그날을

승냥이와 붉은 이리떼에 찢기어
구천을 떠도는 헤일 수 없는 원혼들
피지도 못하고 꺾인 꽃봉오리들
산야에 울려 퍼지는 통곡의 소리를
그대들은 듣지 못하는가

북풍이 거세게 불고 핵 풍이 강산을 휩쓸어도
서울을 불바다로 만든다 해도 그저 침묵 속에
북 치며 촛불 켜 거리를 활보하는 이 현실을

어떻게 지킨 조국인데
목숨 바쳐 맨주먹으로 세운 나라
아직도 비목의 전선이 있다는 것을
그대들은 진정 모르는가

6월의 뜨거움이여
자유의 깃발 휘날리는 그날까지
아직도 아물지 않은
그날의 상처를 잊지 말자

그대들이여

6월의 뜨거운 태양 아래
말없이 누워 있는 용사들이여
수많은 발길이 그대를 찾고
슬픈 어머니가 그대를 부릅니다

조국 위한 꽃다운 젊음
그대들의 흘린 피 강산을 물들여
무궁화 꽃을 피웠습니다

차가운 비석에 아로새긴 면면들
슬픈 역사에 붉은 피로 얼룩지지만
강산은 그대들의 넋으로
초록 물결로 가득 넘칩니다

아! 장한 그대들이여
그대들이 있어
나 여기에 서 있습니다

나는 보았네

나는 보았네
살구 빛 그대 미소를
세월에 꺾인 나이테만큼
그대의 넉넉한 마음도 훔쳐보았네

밤새 열병 앓아 하얀 속살 내비치며
금방이라도 터질 것 같은
그대 꽃봉오리에 맺힌 웃음을
나는 지긋이 바라보았네

욕망이 들끓어 질퍽해도
별빛처럼 희망 주고 사랑 베푸는
아름다운 마음을
나는 흐뭇하게 바라보았네

그대의 넉넉한 마음
밝은 웃음 가득한 뜨거운 사랑이
내 마음 곱게 물들여
그대 닮아가는 나를 보았네

찬란한 빛으로 가득한 그날까지

내 나이 스물한 살
조국의 부름 받고 입영(入營)
장교란 긍지로 이 땅 지킨 지 삼십여 성상

논두렁 밭도랑 흙탕물 뒤집어쓰고
군홧발 마르는 날 없이
한 맺힌 산천 여기저기 발자취를 남겼다

첩첩산중 녹슨 철조망에 찢기고
지뢰밭 짜릿한 전율로
구름 벗 삼고 새소리 짐승소리 들으며
지독한 외로움을 견디며 지킨 강토

이역만리 월남의 정글
빗발치는 총알
작렬하는 포탄 속에서 살아남아
국위 선양한 당당함은
모두 빛바랜 세월로 아롱거린다

고독을 밥 먹듯
오직 한 길만을 고집하며

걸어온 외길 인생
철모가 구멍 나 나뒹굴어도
총칼이 부식된 그날이 온다 해도
조국 위한 내 마음 한결같으리라

조국이 나를 또다시 부른다 해도
내 생명 다하는 그날까지
백번 천 번이고 기꺼이 응하리라
아름다운 강산에
찬란한 빛으로 가득한 그날까지

시심(詩心)은 무디고

녹슨 글씨
움직이지 않는 펜
내 펜에
어떤 혼(魂)을 불어넣는담

꽉 막힌 가슴
뒤틀린 머리
내 마음에
어떤 감성(感性)을 불어넣는담

찬바람이 몰고 온
요즈음 무기력증후군
어떤 보양식을 먹어야
시심(詩心)의 미각을 돋울까

마음의 문

아름다운 꽃을 준다 해도
나는 받지 않겠습니다
아직 난 꽃을
받을 준비가 되어 있지 않습니다

당신의 고운 향기 보낸다 해도
나는 받지 않겠습니다
아직 난 사랑할
준비가 되어 있지 않습니다

이 세상 모든 아름다움
사랑도
미움도
행복도 마음에 달린 것을

언젠가 그날이 오면
실버들 여린 마음에
천 년 묵은 주목 향을 듬뿍 뿌려
마음의 창문을 활짝 열겠습니다

나는 아직도 배가 고프다

지독히 가난했던 어린 시절
배고픈 서러움에 눈물 훔치며
실컷 먹고 싶었던 소원
어른 되어 꿈은 이루었지만

또다시 밀려온 소식(小食) 예찬에
장수 본능 어쩔 수 없어
포만감 억제하고 조금 먹으려니
나는 아직도 배가 고프다

전생에 나는 배곯으며
한평생 살 팔자인가 보다
오늘도 왕성한 식욕과 싸움하자니
서글프다

정상을 향하여

한순간을 위해 정열을 바치며
혼을 불어넣는다
세계 최고봉 에베레스트 산은
오르지 못할 망정
마음속 최고봉은 꼭 오르리라

세월에 때 묻은 큰 짐 벗어
가벼운 몸과 마음으로
솟구치는 샘물처럼 힘차게
최고봉에 도전하리라

오르다 힘들면
잠시 쉬어 지혜를 배우고
마음 약해지면
그 자리 앉아 인내를 배워
있는 힘 다하여 오르고 또 올라
기필코 내 마음의 최고봉에서
환희를 맛보리라

신비의 세계

비행기 타고 구름 위를 난다
산 넘고 바다 건너 멀리
미지의 세계로 신비의 세계로

하늘에서 용이 바다로 내려와 만든
3천여 개의 기암괴석의 *하롱베이

자연이 만든 최고의 걸작품
구름도 머물고 사람도 쉬어가는
푸른 바다에 산재한 절경의 섬들
뱃머리에 인어가 미소 짓고
*다금바리가 입맛 돋우는
경이로운 자연 속에 푹 빠져
놀란 토끼가 된다

인간이 만든 믿기지 않는
세계 7대 불가사의의 *앙코르와트

12세기 초 영욕에 눈먼
수리야 바르만 2세 왕 학정에
인간의 고뇌로 만든 최고의 걸작 사원

인걸은 간데없고 혼만 고스란히 남은
아름다운 섬세한 건축기술은
지금도 풀 수 없는 수수께끼로 혼란스럽다

자연과 인간의 한계는 어디까지일까
우열을 가릴 수 없는 두 곳
경이로운 신비에 빠져 넋을 잃는다

* 하롱베이: 베트남 북부 하롱 만의 자연 섬들
* 다금바리: 농어와 비슷한 바릿과의 바닷물고기
* 앙코르와트: 캄보디아 북서부에 있는 사원

언덕 위의 하얀 집

푸른 지중해의 *말라카 해변
언덕 위의 하얀 집이 그림 같구나

누구의 집일까
선녀들의 집 아니면 하얀 갈매기 집
나도 주인 되어 한번 팔자 좋게 살고 싶다

드넓은 지중해에 마음 담가
바다에 빠진 별을 낚으며
비릿한 바닷바람에 마음 촉촉이 적신다

눈 시린 파란 하늘 따가운 햇볕
올리브 향 머릿결 날리며 걸어가는 아가씨여
마도로스 그리운 임은 어디에 있다더냐

지브랄탈 해협 넘나드는 파도여
대서양 지중해의 선남선녀가 만나
뜨거운 포옹 나누는데
해풍아 불지 마라
뱃고동을 울리지 마라
사랑이 떠날까 마음 졸인다

세월아 가거라
파도여 출렁이어라
나는 여기 있으련다
올리브 숲 하얀 집 언덕에 앉아
먼바다 가물거리는 검은 대륙 바라보며
하얀 꿈을 펼치련다

* 말라카: 스페인 안달루시아 지방의 항구도시

내 마음 숨겨 놓고

그대 곁에 살며시
내 마음 숨겨 놓고
돌아서는 발걸음

지금쯤 화사한 얼굴에
미소를 띠었을까
아니면 뜨거운
내 마음 지워버렸을까

도둑고양이처럼 조여 오는
초조한 마음
그대여
제발 이 마음 알아주기를

힘내 친구야

오늘같이 어눌한 날
놀란 가슴만 벌렁벌렁
한줄기 시원한 비라도 내렸으면

엊그제만 해도 파릇파릇했던 친구야
카랑카랑한 목소리
쌩긋 웃는 얼굴 보기 좋았는데
하얀 병상에 누워
꺼져가는 심장 보듬고 눈시울 적시는
너에게 진한 우정을 느낀다

어떻게 살아온 우리인가
생사고락의 깊은 우정 멀리하고
먼저 가려는 네가 얄밉기만 하다

어서 일어나라 친구야
아직도 갈 길 먼 길을
함께 가야하지 않겠어
힘내 씨밀레야
우리 우정 꺼지지 않게

광야를 달리며

광야에 펼쳐진 대자연의 웅장함에
놀라 넋을 잃는다

푸른 초원은 어디까지이며
메마른 사막은 어디까지인가
캘리포니아의 드넓은 대평원이
나를 웃기고 울린다

가도 가도 끝없는 지평선
상큼한 풀내음이 폐부를 찌르고
사막의 열기가 후끈 달군다

광야에 펼쳐진 푸른 초원에서
살찐 젖소처럼 배를 불리고
적막이 흐르는 사막에서
뜨거운 열기에 숨을 죽인다

콜로라도강 모하비사막 굽이쳐 흘러도
사막은 말없이 타들어간다
끝없는 지평선 사막 사막
캘리포니아의 대평원이여

백일 사랑

산이 들을 정답게 껴안듯
어버이가 자식을 껴안는 것은
핏줄로 이어온 사랑이더라

한날한시 쌍둥이로 태어나
앙증스러움은
천 년이 지난다 해도 변치 않는
아름다운 꽃으로 피어 있으리

우리 만남 백일 사랑은
웃음 환희 행복
또랑또랑한 눈망울
티 없이 맑은 웃음
불끈 쥔 두 주먹에
슬기와 희망이 가득하다

늘 처음처럼 둘이 하나 되어
믿음 사랑으로 고운 꿈 펼쳐
곧게 튼튼히 자라
우리 보금자리에 횃불 밝혀라

당신은 내 사랑입니다
당신 없는 세상
내가 존재할 이유 없고
당신 떠난 사랑
내 사랑 있을 수 없습니다